Made in the USA
Las Vegas, NV
19 December 2023

83178882R00090